Jerry Garcia

PLATE 1

JG

PLATE 2

Joan Baez

PLATE 3

PLATE 4

Sly Stone

PLATE 5

SS

PLATE 6

Janis Joplin

PLATE 7

JJ

PLATE 8

Grace Slick

PLATE 9

GS

PLATE 10

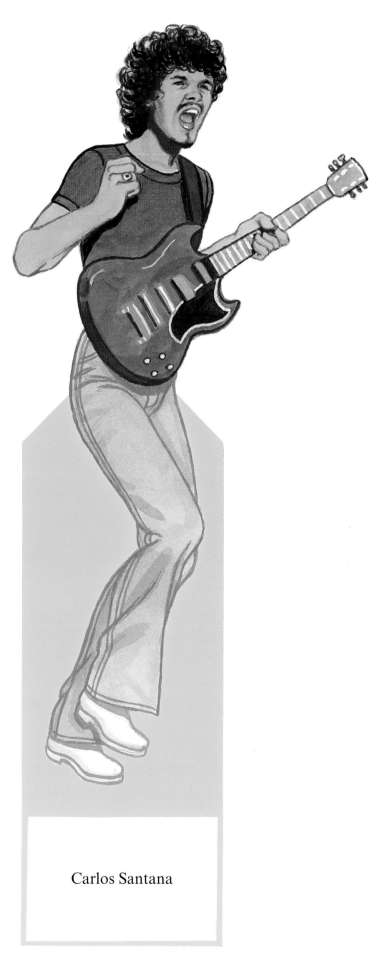

Carlos Santana

PLATE 11

CS

PLATE 12

Roger Daltrey

PLATE 13

RD

PLATE 14

Jimi Hendrix

PLATE 15

JH

PLATE 16